ストレスセラピー

文: トム・マックグラース

絵: R・W・アリー

訳: 目黒 摩天雄

サンパウロ

written by Tom McGrath
illustrated by R. W. Alley
Originally published in the U. S. A.
under the title

Stress Therapy

まえがき

　ストレスは，恐れや好機に直面したときに感じる体と気持ちの動揺です。私たちの生活は大きい／小さい出来事——喜びと悲しみ——に満ちていて，それがストレスを引き起こします。

　やる気や勇気を高める限り，ストレスは役に立ちます。ストレスはまた，自分の価値観に反して行動している場合には警報となります。さらに，間違いを正すため，良くない習慣を改めるため，自分の大事な生き方を守るために力が必要な場合に，ストレスは，行動を起こす呼び水となり得ます。

　けれども，私たちの体は絶えざる緊張状態に耐えることができません。長期間にわたってストレスが解消されない場合には，いろいろな問題が発生します。例えば，慢性的な怒り，欲求不満，頭痛，筋肉の硬直などです。そして精神的な幸せをも損ないます。人生のすばらしさに気づくことができず，人を大切に思うことも困難になります。

　本書『ストレスセラピー』の賢明な手引きは，現実的に，健全に，効果的にストレスに対処するコツを提供しています。

1.

ストレスに対処する最善の方策は
混沌と見えることがあっても
根本的には,「天（あめ）が下，すべて良し」と
いう信念をもつことです。
この信念を育てましょう。
それが基礎となり，その上に
ストレスに対処する方針を打ち立て
生活を改善できるのです。

The best resource for managing stress is a fundamental faith that, beneath the apparent chaos, all is right with the world.
Nurture such belief; it's a foundation on which you can build a stress-management strategy that will improve your life.

2.

ストレスが暮らしに与える影響力は
何が身に降りかかるかによるよりも
そのことにどう対応するかによって
決まることのほうが多いのです。
自分が置かれている状況に
どのように対応するかという点に
注意を向けましょう。
そうすれば，暮らしの中のストレスを
減らしたり，弱めたりするための
対応の仕方が分かります。

The impact of stress on your life is determined not so much by what happens to you as by how you respond to it.
Observe your response to situations, and you'll learn how your reactions increase or reduce the stress in your life.

3.

一つのことから次のことへと
あわただしく走り回っている人もいます。
権力欲や立身出世欲にかられているので
わけも分からないで暮らしがストレスで
いっぱいになっているのです。
ゆったりしましょう。
そして，気をつけてまわりを見ましょう。
暮らしの最良の部分を
見落としているかもしれません。

Some people rush from one thing to the next,
so driven by ambition and the need to succeed
that they've forgotten why they've filled their
life with stress.
Slow down.
And pay attention.
You may be missing the best part of living.

TO TOWN

4.

人生の道にある一つ一つの凹凸を
大惨事と考えて
取り越し苦労をする人もいます。
どうなるか分からないことや
自分ではどうすることもできないことを
必要以上に恐れて
元気を失ってはなりません。

*Some people catastrophize every bump along
life's highway and anticipate the worst.
Don't paralyze yourself by magnifying your
fears of the unknown and the uncontrollable.*

5.

人生は完璧なものであり
ストレスのないものであるはずだと
思い込んでいる人もいます。
このような期待を抱いていると
人生がそうではないときに
余計にストレスを増すだけです。
人生をまるごと受け取りましょう。
人生の浮き沈みを感謝とユーモアをもって
受け入れましょう。

Some people believe life should be perfect and stress-free.
This expectation only sets them up for more stress when life isn't.
Take life on life's terms.
Accept its ups and downs with grace and humor.

6.

ストレスは，
その人の目（そして心）にあります。
外部の状況が変わらないときでも
自分の気持ちの持ち方を変えることで
ストレスを和らげることができます。

Stress is in the eye (and heart) of the beholder.
By changing your attitude, you can relieve
your stress even when outer circumstances
don't change.

7.

難題を自分ひとりで解決すべきであると
考えている人もいます。
しかし，自分に必要なことを
人に教えてもらう知恵と
それをお願いする勇気があれば
ストレスを和らげることができます。

*Some people think they should handle
difficulties on their own.
But if you have the wisdom to know what
you need from others and the courage to ask
for it, you'll ease your stress.*

8.

自分自身に対して
同情と理解を示しましょう。
そうすれば
ストレスの程度を下げることができます。
そばに，だれもいなくても
自分がそばにいることができるのです。

Giving yourself compassion and understanding
lowers your stress level.
No matter who else is on your side, you can be.

9.

ストレスを感じているときには
後ろ向きな独り言によって
さらに傷つきやすくなります。
頭と心の中に繰り返し非難の言葉が
こだまするのです。
自分の能力と価値を認識し宣言することで，
後ろ向きの声に反撃しましょう。
「私には，生まれつき才能がある
値打ちがある，大切にされている」と
口に出して言いましょう。
そして，それを信じましょう。

When you're feeling stress, you're more vulnerable to negative self-talk, that chronic criticism echoing in your head and heart. Counter the negative voice with affirmations about your ability and self-worth. Say, "I'm talented, worthy, and loved," and believe it.

10.

たえず人の気に入られようとすることは
ストレスを増やすことになります。
自分の全生活を人のために使わなくても
人を尊重し
人を大切にすることはできます。

*Constantly trying to please others guarantees
stress.
You can respect and love others without
living your life for them.*

11.

不安を感じはじめたら,「どうすれば――今!
――リラックスできるか?」と
考えましょう。
どんなストレス解消法が自分に有効かを
知っておきましょう。
たとえば,深呼吸をする
横になって休む,音楽を聴くなど。
そして,それを実行しましょう。

*When you start to feel anxious, ask, "How
can I relax—now?"*
*Know what stress-relieving techniques work
for you, like deep breathing, putting your feet
up, listening to music; then do them.*

12.

「深呼吸をしましょう」という勧めは
深い知恵に基づいたものです。
呼吸に意識を集中しましょう。
お腹の底から，ゆっくりと
息を吐きましょう。
ゆっくりと息を吐きながら
緊張と心配を吐き出しましょう。

"Take a deep breath" is wise advice.
Become mindful of your breathing.
Draw your breath slowly from deep within
your abdomen.
Then slowly exhale, releasing your tension
and worry.

13.

ほかの人のために，何かをすることは
とても良いストレス解消法です。
寝たきりの人に手紙を書きましょう。
近所の一人暮らしの人に
電話をかけましょう。
町内に越してきた新しい家族のために
クッキーを焼いてあげましょう。

Doing something for someone else is a great
stress-reliever.
Write a letter to a shut-in, make a phone call
to a lonely neighbor, bake cookies for the new
family down the block.

14.

疲れ果てた人々に対して
世間は冷たく見えるものです。
睡眠を十分に取りましょう。
眠っている間に，
あなたの魂は優しく働いて，
心配を和らげ
力を回復してくれます。
潜在意識が，問題の答えを
前向きに考えてくれます。

The world looks bleak to those who are overtired.
Give yourself enough sleep.
Your soul will gently work to relieve your anxieties and restore your strength.
Your subconscious will creatively devise solutions to your problems.

15.

人をも自分をもゆるしましょう。
うらみや自責の念は
昨日のことにエネルギーを浪費します。
ゆるしましょう。
そして，今日を生きましょう。

Forgive others as well as yourself.
Resentment and remorse waste energy on
yesterday.
Forgive and live today.

16.

心の底から信じていることを
忘れないようにして
それに基づいて行動しましょう。
自分の価値観に従って生活しましょう。
そうすれば，心の平静が得られ
もっともストレスが多いときでも
元気でいられます。

*Be in touch with your deepest beliefs and act
on them.*
*Living according to your values gives you
a serenity that will serve you well through
the most stressful times.*

17.

感謝の気持ちを広げましょう。
恵まれたことの一覧表を作りましょう。
そうすれば，自分の心配事を
客観的に見ることができます。
心が感謝の気持ちでいっぱいのときには
ストレスを覚えにくくなります。

Develop an attitude of gratitude.
Making a list of blessings will put your
worries in perspective.
It's hard to be stressful when your heart is
brimming with thanks.

18.

味のある生活を送る技を磨きましょう。
桃の実のおいしさ，早朝の香り
ヒバリの声，日の出の光景
子犬のふわっとした手触りなどを
五感を使って楽しみましょう。
立ち止まりましょう。
目を留めましょう。
耳を傾けましょう。

Practice the art of savoring life:
the taste of a peach, the smell of morning,
the sound of a lark, the sight of a sunrise,
the soft feel of a puppy.
Stop, look, listen.

19.

何を，いつ，どのように食べるかに
注意を払いましょう。
バランスの取れていない食事を
大急ぎで飲み込むことは
ストレスと不満のもとです。
健康に良い食べ物を
大切な人と一緒に食べましょう。
そうすれば，体には力がつき
心は元気になります。

Watch what you eat, when you eat, and how.
Gulping down junk food on the run is a recipe
for stress and discomfort.
Eating healthy food with loved ones
strengthens the body and restores the soul.

20.

声を出して笑いましょう。
思いきり笑いましょう。
ユーモアはストレスを和らげるのに
とても効果があります。
ユーモアあふれる人生観を養いましょう。
日々の暮らしに
笑いをもたらしてくれる人々と
共にいましょう。

Laugh.
A lot.
Humor is a potent stress reducer.
Foster a humorous view of life; be with
people who bring laughter to your day.

21.

健康のためには
人と触れ合うことが必要です。
ハグ，握手，背中を軽くたたいてもらうなど
日常の最小限度必要とするものを
受けるようにしましょう。
スポーツやゲームやダンスなども
必要な触れ合いを受ける一助となります。

Sound health requires human touch.
Get your minimum daily requirement of hugs,
hand-shakes, and pats on the back.
Sports, games, and dancing can help bring the
human contact you need.

22.

時間もストレスを弱めるために
使うことができる貴重な恵みです。
暮らしの中に
邪魔されることのない時間
テレビを見ない時間
電話に出ない時間をつくりましょう。
自分の魂に
遅れを取り戻す時間を与えるのです。

Time is a precious gift you can use to reduce stress.
Carve out an interruption-free, TV-free, phone-free time in your day.
Allow your soul to catch up.

23.

時間を決めて歩くことによって
見事にストレスは退治されます。
ゆっくりと時間をかけて散策することは
健康にも，気持ちにも，頭にも，魂にも
有益なものです。
独りで歩くときには孤独が得られ，
人と一緒に歩くときには絆が深まります。

Walking on a regular basis is a wonderful stress-buster.
Long, leisurely strolls are good for your health, your heart, your mind, and your soul.
Walking alone offers solitude; walking with others deepens relationships.

24.

職業と家族の世話のように
二つの義務の板ばさみになって
ストレスが起こることもあります。
ストレスを減らすために
できるかぎり前もって計画を立てましょう。
関係する人々に事情を説明しましょう。
代わりの手段を見いだすために
支援を依頼しましょう。
板ばさみが起こるということを
頭に入れておきましょう。

*Stress can arise when conflicting demands pull
at you, such as work and family obligations.
Reduce stress by planning ahead when you can,
explaining the situation to those involved, asking
for help to develop alternative approaches.
And accept the fact that conflicts will arise.*

恐れ入りますが
切手を貼って
お出しください

サンパウロ
宣教推進

ご購読ありがとうございます。今後の企画物の参考にさせていた
だきます。ご記入のうえご投函ください。

■お買い求めいただいた書名。

(　　　　　　　　　　　　　　　　　　　　　　　　　　)

■本書をお読みになったご感想。

■お買い求めになった書店名 （　　　　　　　　　　　）

■ご注文欄（送料別）　☆サンパウロ図書目録（要・不要）

書　名	冊数	税抜金額

進
部
行

十六
二十一

ふりがな お名前	ご職業	男・女	歳
ご住所　〒			
Tel.	FAX.		
E-mail			

25.

人生で最も価値あることが
自由にできるようにしておきましょう。
当初の目的に
もはやかなわなくなった
仕事から手を引いてもいいのです。
また，あなたが目指している
いちばん大事な目標に近づくことを
妨げるような新しい仕事は
お断りしましょう。

Free yourself to do what matters most in your life.
You can let go of responsibilities that no longer serve their original purpose and say no to new tasks that fail to further your core goals.

26.

労働が，暮らしに強いストレスを
感じさせるなら
ストレスを引き起こしているのが何かを
正確に突き止めましょう。
過労，無理な期限，不安定な勤務
新技術，気難しい同僚など
周囲の状況がすべて
ストレスの程度を
増大しているかもしれません。

*If work is a high-stress experience in your life,
identify precisely what's causing your stress.
Such circumstances as overwork, impossible
deadlines, job insecurity, new technology,
difficult co-workers can all increase your
stress level.*

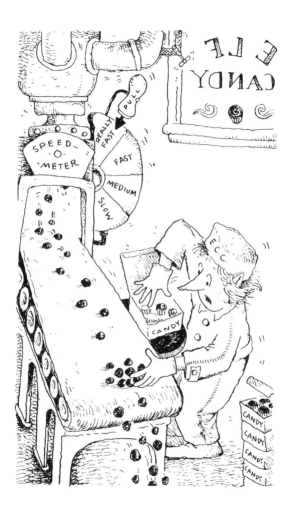

27.

気持ちよくできないことのもとが見つかった
なら，
その問題に真正面から
取り組めるかどうかを考えましょう。
もし状況を変えることができないなら
自分の態度を変える道を探りましょう。

Once you determine the root of your discomfort,
decide if you can confront the problem head-on.
If you can't change the situation,
explore changing your attitude.

28.

ストレスを予防する手段として
一日の勤務時間の中に
ストレスを和らげる
手法を組み入れましょう。
休憩を取り，頭を休ませましょう。
窓から外を眺めましょう。
町内を一周しましょう。
コーヒーか，お茶を心から味わいましょう。

As a preventive measure, incorporate stress-
relieving techniques in your workday.
Take sanity breaks.
Look out the window.
Walk around the block.
Really taste that cup of coffee or tea.

29.

人生と労働に意味が見いだせれば，もっと
たやすくストレスを乗り切ることができます。
一緒に働いている二人の人が質問を受けました。
「何をしているのですか？」
一人の人は答えます。
「こっちからあっちへ石を引きずっているだけさ。」
もう一人は答えます。
「大聖堂を建てているのですよ！」
あなたの生涯の使命は何でしょうか？

*If your life and work have meaning, you'll
more easily cope with stress.
Two workers were asked, "What are you
doing?"
One answered, "I'm dragging stones from here
to there."
The other responded, "I'm building a cathedral!"
What's your life's mission?*

30.

ストレスによって人生が
しぼんでいくように
感じることがあるかもしれません。
毎日何か手仕事をしましょう。
絵を描いたり，パンを焼いたり
クロスステッチをしたり
音楽を演奏したりといった
ものをつくり出す活動によって
生きている感覚が強まり，心は高まります。

Do something creative every day.
Stress can make you feel as if your life is
shrinking.
Creative activities like painting, baking,
cross-stitching, or playing music expand your
sense of life and send your spirit soaring.

31.

長いストレスの間に
あなたの生活はいろいろな面で
なおざりになっているかもしれません。
バランスを取るように努めましょう。
祈りの時間，運動の時間
考える時間，読書の時間
体を動かして働く時間
一人でいる時間
人といっしょに過ごす時間をつくりましょう。

During long periods of stress, parts of your
life may get neglected.
Strive for balance.
Take time to pray, exercise, think, read, do
physical work, be alone, be with others.

32.

ストレスに対して
どのように対応するかによって
状況がさらに悪くなることがあります。
またより深刻な問題が浮かび上がり
対処が必要になります。
薬やアルコールの乱用，過食，かんしゃく
自己嫌悪，孤立，無力感
被害者意識などをもって対応することは
自分の命をひどく傷つけることになるのです。
支援を求めましょう。

Some responses to stress not only make the situation worse, they can indicate deeper problems you need to address.
If you react with drug or alcohol abuse, overeating, anger tantrums, self-pity, isolation, or feeling powerless and victimized, you're seriously harming your life.
Seek help.

33.

ストレスがあまりにも耐えがたく
あまりにも長く続く場合には
一人で処理することが
できないこともあります。
困難な時に，身体的，精神的，情緒的に
支援を受けることは
良いことばかりで
悪いことは何一つありません。

If the stress you feel is too severe or lasts too long, you may not be able to fix it alone. There's nothing wrong and everything right with getting physical, spiritual, and emotional help through a difficult time.

34.

人生の重大な局面や
喪失による悲しみや
その他のストレスの多い出来事から
立ち直るのに必要な時間を
少なく見積もってはなりません。
悲嘆にくれたり，休息したり
力を回復したりするのに
必要な時間を十分に取りましょう。

Don't underestimate how long it takes to recuperate from a crisis, loss, or other stressful event.
Give yourself the time you need to grieve, rest, and restore your strength.

35.

自然を通して癒やしが得られます。
小鳥のさえずり，穏やかな湖面に映る日の光
満天の星など，すべては
疲れた心と魂に慰めをもたらしてくれます。
自然の中に出て行くことができないときには
水槽や植木鉢や
フラワーボックスやミニ石庭などで
自然を家に持ち込みましょう。

Nature heals.
The sound of birds, sparkling sunlight on a
serene lake, the night sky aglow with stars all
offer a balm to weary hearts and souls.
When you can't go to nature, bring nature to
you with an aquarium, plants, a flower box,
or an indoor rock garden.

36.

自然を通して，変わるものと変わらないもの
循環やバランスについて教えられ
生活も照らされます。
季節の移り変わりから
困難な時は過ぎ去ることを学びましょう。
大地の力と適応力から根底にあるものが
どのように持続しているかを見ましょう。
死と再生の事実を自分の目で確かめましょう。

*Nature offers lessons about change, permanence,
cycles, and harmony to illuminate your own
life.
Let the changing seasons teach you that hard
times pass.
Let the earth's strength and adaptability
show you how fundamentals endure.
Witness the reality of death and birth.*

37.

必要なものは必ず与えられるという
確信を育てましょう。
欲しいものを
手に入れるときではなくて
手にしているものを
これが欲しかったのだと思うときに
平静な気持ちになれるのです。

*Develop the trust that life will provide you
with what you need.
Serenity comes not in having what you want
but in wanting what you have.*

38.

究極のストレスセラピーは
生命のもっとも深奥の真理――あなたは
大切に思われているということ――を
忘れないことです。
ストレスとその影響に覆われ始めたら
神の招きの声に耳を傾けましょう。
「重荷を負う人は，私のもとに来なさい。
休ませてあげよう。」

The ultimate stress therapy is to remember the deeper truth of your life—that you are loved. When stress and it's effects begin to overwhelm you, listen for the voice of God, who beckons, "Come to me when you are weary and I will give you rest."

文

トム・マックグラース（Tom McGrath）

『U. S. キャソリック』『地の塩』『宗教を家庭に』などの発行元であるクラレチアン出版の編集長。妻キャスリーンと二人の娘ジュディとパティと共にシカゴに住んでいる。

イラスト

R・W・アリー（R. W. Alley）

アビー・プレスのエルフ・ヘルプ・ブックスのイラストを描いている。ほかにも，子どもの本やイラスト多数。子どもエルフ・ヘルプ・ブックスの『たいくつな日を楽しくする』もその1冊。その幅広い作品の数々は，次のサイトで見られる。www.rwalley.com

翻 訳

目黒 摩天雄（めぐろ まてお）

上智大学で哲学と神学を学び，大阪市立大学で仏文学を研究。大学・短期大学などで講師を務めたのち，聖ベネディクト女子学園（現海星学院）高等学校（室蘭市）校長，賢明学院小学校（堺市）校長，淳心学院聖テレジアこども園（倉吉市）園長を歴任。横浜市戸塚区在住。

ストレスセラピー

文──トム・マックグラース

イラスト──R・W・アリー

翻 訳──目黒 摩天雄

発行所──サンパウロ

〒160-0011　東京都新宿区若葉 1-16-12
宣 教 推 進 部 (03) 3359-0451
宣教企画編集部 (03) 3357-6498

印刷所──日本ハイコム ㈱

2022 年 8 月 26 日　初版発行

エルフ・ヘルプ ブックス

ほのぼのとした妖精エルフが導く世界。
そこには，自分をいたわり養うためのヒントがつまっています。
ポケットに入る小さな本ですが，
大きな癒やしをもたらしてくれるでしょう！

□ 既刊

○ 怒りセラピー

○ 祈りセラピー

○ うつを乗り越えるセラピー

○ おだやかに暮らすセラピー

○ お誕生日おめでとうセラピー

○ 介護セラピー

○ 悲しみセラピー

○ 悲しみの祈り三十日セラピー

○ 簡素に暮らすセラピー

○ 感謝セラピー

○ がんをかかえて生きるセラピー

○ クリスマスセラピー

○ 虐待の傷を癒やすセラピー

○今日は今日だけセラピー

○苦しみを意味あるものにするセラピー

○結婚生活セラピー

○元気はつらつセラピー

○健康回復セラピー

○さびしさセラピー

○自分にやさしくなるセラピー

○ストレスセラピー

○対立を解決するセラピー

○定年退職セラピー

○年を重ねるほど知恵を深めるセラピー

○はい！セラピー

○命日を迎えるセラピー

○友情セラピー

○ゆったりと生きるセラピー

○ゆるしセラピー